1

Préface

Cette ballade poétique vous emmènera à travers un bout de mon chemin parcouru. Depuis une dizaine d'années, je pose un regard sur ce qui m'entoure et m'inspire ainsi pour coucher ces lignes : parfois des pensées, des sentiments, des réflexions,... Avec la chronologie d'un journal, vous découvrirez ce qui a pu occuper l'esprit d'une adolescente devenant femme, découvrant l'amour, l'amitié, la vie et parfois la mort, les défis de la vie d'adulte et les relations humaines en général.

En parcourant ces lignes, vous découvrirez un ensemble de traces de mes pensées, et non une réalité à interpréter. Plus qu'un récit, il s'agit d'une rêverie.

A ceux qui ont un jour traversé mon chemin et marqué ma mémoire...

Et à ce qui de près ou de loin se sentiront touchés par ces lignes...

Poétiquement vôtre

Traces

Au début, mes premières lignes finissaient toujours dans une corbeille à papier, seuls quelques poèmes y résistaient.

Moi

Par rapport au monde,
Je suis un grain de sable dans le désert,
Une goutte d'eau dans l'océan,
Et une étoile dans l'univers.
À mes yeux,
L'humanité rime avec paradis et enfer à la fois.
Je ne me situe dans aucun des deux,
Quoique,
Je préfère fréquenter des anges diaboliques,
Que des diables angéliques.
Ce sont ceux qui possèdent des qualités comme malhonnêteté, hypocrisie et égoïsme,
Qui me prennent l'espoir de la perfection,
Et ceux appartenant au genre contraire,
Qui me rendent une lueur d'espoir de l'harmonie.
Me décrire réellement représenterait un problème,
Car il est tellement difficile de se connaître,
Et je ne suis pas toujours mon propre maître,
Je dirais que je suis moi-même.

Un jour, un appel à contributions dans mon lycée m'a encouragé à mettre mes lignes en forme et les rassembler dans un petit carnet. C'est ainsi que le récit a commencé...

La chose

Ce que je ne peux te montrer avec des roses,
Ni, même en le voulant très fort, te dire en prose,
Je vais essayer de l'écrire avec des vers
Qui couleront comme les vagues de la mer.
Grâce à toi, j'ai vécu une métamorphose,
Donc je veux te parler d'une importante chose
Que l'on ne peut toucher,
Ni voir avec les yeux,
Mais qui permet de voir le soleil se coucher,
Tous les deux, encore, lorsque nous serons vieux.
Cette chose sur le cœur pèse parfois lourd,
Je crois qu'elle est désignée par le mot amour.
Je la ressens pour toi,
Quand tu es loin de moi,
Et quand tu es plus proche encore plus fort,
Ce sentiment en moi jamais ne dort.

Amitié

Ecoute,
Compréhension,
Etre toujours là l'un pour l'autre,
Prêt à aider à tout instant,
C'est ça l'amitié vraie,
Qu'elle soit triste ou qu'elle soit gaie.

Evasion

Parfois, on aimerait être loin,
S'évader de ce petit coin
Du monde où on n'est pas à l'aise,
Partir quelque part dans les falaises
Ou sur une île déserte à l'autre bout de la terre,
À un endroit où tout peut plaire,
Y emmener les personnes auxquelles on tient,
Et enfin se sentir vraiment bien.

Mon amour

Mon amour tu me manques tellement,
Ta pensée enveloppe mon cœur flamant.
Quand vais-je te revoir ?
J'aimerais le savoir.
Mon cœur, mon ciel,
Doux comme le miel,
En pensant à toi mon corps est en flamme,
Ce corps, celui d'une future femme,
Celle qui «je t'aime » te dira
En reposant dans tes bras.

L'amour

Entre l'enfer et le ciel,
Entre le feu et le miel,
Pour toujours et à jamais,
N'est que l'amour vrai.

Espoir

Mon ciel, mon doux, mon Apollon,
Le temps sans toi est si long.
Quand me retrouverai-je à nouveau dans tes bras ?
Et inséparable de moi tu seras.
Quelques fois mon espoir faiblit,
Mais lorsque tu m'as dit,
Que limites à ton désir il n'y a pas,
L'espoir était revenu,
De nouveau là,
Et ne me quitte plus.

Coup de foudre

Toujours ton sourire me hante,
Et l'appel de tes bras me tente,
Depuis ce certain soir
Où je t'ai rencontré,
J'aimerai te revoir,
Et ne plus te lâcher.
Et lorsque tu m'as frôlée,
Ça m'a fait un bel effet,
Un doux frisson m'a parcouru,
Crois-moi, ce soir, je t'ai voulu.

Maman

J'étais dans ton ventre jadis,
Au chaud et en sécurité.
Lorsque je fus enfin de ce monde,
La sécurité tu m'offrais toujours,
En plus de ton oreille et une part de ton cœur.
À moi de te rendre cet amour,
Et de te dire merci.

Le pardon

Nous commettons tous des fautes,
L'important c'est de l'admettre.
Demander le pardon,
C'est d'abord réparer les dégâts
Ou ne pas les empirer,
Et se pardonner soi-même.

Le chant des possibles

Le chant des possibles
Pour ne plus être passive,
Afin d'être enfin active,
Et ne rien laisser à l'impossible.
Révéler mes pensées,
Du plus profond de moi-même,
Des réflexions censées,
Ou du monde les problèmes.
Mais aussi tout ce qu'enferme mon cœur,
Mes espoirs et mes peurs.

Cycle éternel

La beauté du soleil couchant
Avant la joie du nouveau jour levant.

Bellum

Bellum, cet horrible mot,
J'aimerais qu'il n'existât pas.
Tellement de gens chaque jour en meurent
Dans le monde entier.
Ce n'est pas une bellum,
Mais de nombreuses bella,
Qu'il y a en trop
Pour que règne le pacifisme.

Lien

Je m'envole dans mes pensées,
Mais je suis ici dans la réalité.
Les limites entre rêve et vie réelle,
Entre passé, présent, futur,
Sont parfois transparentes.
Lorsqu'elles sont solides,
Reste le fil,
Ce lien entre tout et tous,
Tenant les chocs et les secousses,
Tout est alors possible, même si non facile.

Le désespoir n'est qu'un début

Espoir perdu,
J'y ai longtemps cru.
Je pensais te revoir tôt ou tard,
Mais maintenant j'en ai marre.
Les sentiments pour toi sont toujours là,
Mais de t'attendre mon cœur est las.
Aujourd'hui c'est fini,
Mais continue la vie.
Il est temps de tourner la page,
De ne plus se dire que s'est dommage.
Temps de passer à autre chose, arrêter de pleurer,
Peut-être réapprendre à aimer.

Rencontre avec un aigle

Un ange a rencontré un aigle blanc,
Impression de se connaître depuis longtemps.
Nous nous sommes découverts,
Ton cœur tu m'as ouvert,
Et moi à toi le mien,
Caché je ne t'ai rien.
Te parler me fait beaucoup de bien,
J'ai découvert entre nous un lien.
Ce lien est encore indéfinissable,
Seul le futur nous l'expliquera,
Lorsqu'ensemble on marchera,
Sur la plage, sur le sable.

J'arrive

Un champ de fleurs,
Pour mettre fin à tes pleurs,
Une plage ensoleillée,
Pour que ta vie soit égayée.
Voilà ce que je veux t'offrir,
Je ne veux plus te voir souffrir,
Tu me demandes de te rejoindre dans ton rêve,
Me voilà.

A dieu

Je t'aime toujours,
Je ne sais si tu m'aimes aussi,
Ou moins,
Ou plus du tout.
Il y a une chose que je sais au moins,
Je ne peux t'en vouloir,
La distance a fait son devoir,
Nous sommes l'un de l'autre si loin,
Par les kilomètres tant,
Mais pas seulement.
A dieu, je veux te laisser,
Je ne suis pas sûre d'y arriver.

Vie

Souvenirs d'une vie sans père.
Heureuse avec ma mère.
Souvenirs d'une vie dans laquelle
On est bien avec ce que l'on a.
Aussi, souvenirs de souffrances.
Mais aussi, souvenirs de la découverte de la France.
Souvenirs de parfois ne pas savoir quoi faire,
Mais un jour vous serez fiers.

Sentiments mêlés

Soleil ou pluie,
Parfois c'est l'un qui domine,
Parfois l'autre,
Parfois les deux.
Parfois il fait chaud,
Parfois il fait froid.
Le dominant dans ces cas,
Sera celui dont tu rempliras ton cœur,
Ce sera la joie,
Les pleurs,
La peine,
La haine,
Ou le bonheur,
Remplissant notre cœur.

Rêve d'actrice

« Je serai actrice un jour »,
Mon cœur le dit souvent avec amour.
Amour de ce métier,
Amour de l'intensité,
Amour de ce qui émeut,
Et,
Amour du jeu.
Ce n'est peut-être que le rêve d'une fille petite,
Mais l'espoir et l'envie ne me quittent.

Notre amitié

J'espère que notre amitié durera longtemps,
Et pourquoi pas toujours,
Dans mon cœur notre lien restera important,
Non moins que l'amour.
Je vois en toi l'amitié crois-moi,
Et j'espère t'avoir pour longtemps dans ma voie.

Marc

Mon amour,
Rayon de soleil,
Comble du plaisir et d'un bonheur intense,
Voilà tout ce que tu représentes pour moi,
Tout cela et encore beaucoup plus,
L'homme que je veux, l'homme que j'aime.

Fleurs

Colorées, jolies, sont les fleurs,
Certaines se ressemblent comme des sœurs,
Par les couleurs,
De toutes les nuances,
Ou par la forme,
Toutes rendent joyeux notre cœur.
Chacune est spéciale,
Je n'en connais pas de banale,
Chacune porte une autre signification,
Que ce soit pour exprimer un sentiment,
Ou pour dire des félicitations,
Elles font partie de notre vie à tout moment.

Peur

Le pays que tant j'aime
Connaît aujourd'hui de graves problèmes,
Des violences toutes les nuits,
La rue, les gens fuient,
Des feux de mécontentement,
Ne pourrait-on faire autrement ?
Cela me fait peur,
Mais l'amour de ce pays, en moi, ne meurt.

Belle complicité

On s'est rencontré un beau jour d'octobre,
Il faut dire que le décor n'était pas sobre,
Mais malgré toutes les rencontres et ce qu'on a découvert,
Nos regards se sont croisés et il était tout de suite clair,
Que nous devions faire connaissance,
Et ce fut de notre histoire la naissance.
Tout d'abord une amitié,
Et puis en plus autre chose,
Peut-être une liaison entre deux moitiés,
En tout cas une complicité à forte dose.

Retrouvailles

On s'est retrouvés après tout ce temps,
J'ai passé avec vous un très beau moment.
Pleins de souvenirs sont revenus,
Cela m'a réellement ému.
J'espère que l'on ne se perdra pas de vue,
Maintenant que nous nous sommes revus,
Car je vous adore, je crois,
Quand même, on formait une bonne équipe tous les trois.

Douleur

Cette douleur au fond de moi,
Lorsque mon cœur n'est pas en joie,
Me fait tellement mal,
Sans arrêt, esprit et cœur se renvoient la balle.
Qu'est-ce que je veux au fond de moi ?
Je me le demande tant de fois.
Où aboutira cette recherche ?
Une idée me tendra-t-elle la perche ?
Peut-être, tel le phare d'une voiture,
Une lumière m'éclairera et me rendra sûre,
Sûre des décisions à prendre,
Sûre des chemins à prendre.

Ciel prénocturne

Tel un arc-en-ciel plein de couleurs,
Est aujourd'hui pour apaiser mes douleurs,
Le ciel magique du soir,
Prêt à m'émouvoir.
Bleu, vert, jaune, orange, rouge,
Une quantité de couleurs infinie,
Qui ne s'arrête jamais, mais toujours bouge.
Voilà, l'aspect du ciel a déjà changé,
Les couleurs disparaissent dans le sombre,
Bientôt apparaîtront les étoiles bien rangées,
Et de nouveaux jours suivront en grand nombre.

Noël

Cette période avant Noël
Est celle que je trouve la plus belle.
Dans la maison les belles odeurs,
La préparation des gâteaux.
Penser à ce que l'on veut offrir comme cadeaux,
Pour rendre joyeux les cœurs.
Encore plus jolie lorsque tombent les flocons,
Les beaux flocons blancs en forme d'étoile.
Cette période où on retombe dans l'enfance,
Où on peut vivre de belles romances,
Cette période avant Noël,
Où la joie et la magie se mêlent,
Je l'aime.

Eva

Je t'adore ma puce,
Même si parfois tu ne le vois pas,
Même si mon cœur dans tous les sens s'en va,
Je ne cesse de t'aimer.

Italia

Quel merveilleux pays !
Quels délicieux gelati !
Que ce soit la Rome antique,
Ou Venise romantique,
Ou encore la belle île de Capri,
Quelle belle Italie !
Le vert, les paysages,

Le blanc, l'écume sur les vagues,
Le rouge sur les pastas épicées.
Quel pays galant,
Que j'ai découvert en le jalonnant.

Mes deux pays

Allemagne, pays de mes racines,
Région de mes origines.
Les trois premières années
Et cinq autres par la suite,
C'est là-bas que je les ai passées,
Et même si j'aime cet endroit mon cœur a pris la fuite.

Puis vint la France, pays de mon cœur,
C'est ici que je demeure.
J'ai découvert de nouveaux paysages,
Une population différente à travers les âges.

Je n'appartiens pas à un de ces pays,
Ni aux deux car je suis à moi-même,
Mais si je devais choisir,
Je dirais que c'est les deux que j'aime.

Bouleversée

Parfois j'ai l'impression que tu te fous de moi,
Et puis de nouveau tu me fais espérer.
J'aimerais tellement m'attacher à toi,
Mais j'encourrais peut-être un grand danger.
Quand je me rappelle ton profond regard,

Je pense que les belles choses que tu as dites,
N'étaient en rien des bobards,
Et je veux croire ces paroles écrites.
Mais lorsque pendant des semaines,
Tu ne donnes pas signe de vie,
J'ai peur que ce soit fini,
Et reste en moi envers les hommes la haine.

Perdue

Lorsque je t'ai perdu,
Je n'ai plus rien voulu.
Des espoirs se sont envolés,
Serai-je de nouveau capable de rêver ?
Pourrai-je de nouveau offrir mon cœur ?
Pour l'instant celui-ci pleure.
Je ne peux pas tomber plus bas,
Mon âme est désespérée,
Mes amis me rattrapent dans leurs bras,
Il faut que je retrouve la force pour les remercier.

Jamais

Jamais je ne t'oublierai,
Jamais je n'aimerai quelqu'un de la même façon,
Jamais mon cœur ne cessera de penser à toi,
Toujours tu resteras mon premier amour.
Aujourd'hui c'est fini,
Jamais les souvenirs ne me quitteront,
Toujours tu resteras dans mon cœur,
Toujours tu feras partie de ma vie.

Jamais ce ne sera complètement fini.

Me relever

Merci.
Merci à ma passion.
Merci au théâtre qui m'a permis de me relever.

Merci.
Merci à mon âme et mes espoirs.
Merci à vous qui me forcez à me relever.

Merci.
Merci à mes amis.
Merci, sans vous je ne sais pas si j'aurais pu me relever.

Micka

Mon petit chou,
Je te dois tellement beaucoup.
Toi que j'ai tellement fait souffrir,
Tu as été là quand j'en ai eu besoin.
J'étais au bord des pleurs,
Et tu m'as par ton amitié aidée,
Je t'en remercie du fond du cœur,
Car je crois que je suis sauvée.

Ma sœur Marielle

Qui aurait pensé,
Que deux filles si différentes,
Puissent un jour devenir si proches,
Au point de devenir des sœurs.
Moi, ta petite sœur que tu n'as pas eue,
Toi, ma grande sœur que j'ai attendue,
Nous nous sommes découvertes au fur et à mesure,
Nous nous sommes rapprochées de plus en plus,
Aujourd'hui nous sommes sœurs,
Liées par nos cœurs.

Annes

L'une mon amie,
L'autre ma petite sœur,
L'une qui me ressemble,
L'autre que j'ai envie de protéger.
Toutes les deux êtes loin,
Et pourtant si proches,
Mon amie je ne t'écris pas assez souvent,
Ma sœur, je n'ai pas franchi les barrières,
Ces limites qui séparent nos vies,
Toutes les deux, restez dans mon esprit.

Jessica

Ton prénom Jessica,
Rime pour moi avec joie.
Joie de vivre que tu donnes tous les jours,
Bonne humeur que tu dégages,

Près de toi et tout autour,
Ton sourire avec nous tu partages.
Et sous une carapace intouchable,
Se cache une âme sensible,
Mais on voit toujours ta personnalité aimable,
Avec toi tout le temps,
On oublie même les choses les plus pénibles,
Au moins pour un court moment.

Manque

Cela fait un mois,
Un mois que c'est fini,
Que tu n'es plus avec moi,
Qu'il existe ce vide.

Je m'en suis remise,
Et continue la vie,
Mais une partie de mon âme est prise,
Et en moi reste un grand vide.

Ce vide me fait mal,
Ce vide me dévore,
Tu me manques tellement,
Et oui, je t'aime encore.

La peur ou l'espoir

Peur de ce qui viendra,
Espoir de ce qui viendra.
Peur de demain,

Espoir du futur lointain.

Envie de devenir grand,
Angoisse d'être comme les grands.
Espoir du bonheur,
Peur du malheur.

Ambition de réussir sa vie,
Crainte de ce qu'elle nous réserve.
Espoir ou peur de la vie,
On ne sait pas ce qu'elle nous réserve.

Vert

Parfois avec des couleurs.
Sur ce vert foncé,
Des traces de blanc et de gris.
On y trouve des mots.
Des dessins.
Schémas.
Tout cela en couleurs pâles.
Mais le vert noirâtre domine.
De quoi s'agit-il ?
De ce petit rectangle
Que l'on connaît de l'école.

Vide

Toujours.
Pas parti.
Comment le combler ?

Comment le détruire ?
Effacer.
Vide.
Il crie et veut manger.
Il réclame une présence.
Il attend la tendresse.
Il faut le nourrir pour l'empêcher de dévorer une âme
vacante.
Tel un fantôme,
Il ère dans la vie,
Sans y être réellement.
Le cœur de l'âme veut s'accrocher,
Mais abandonne à chaque fois,
Reste l'attente,
Et le vide.

Malade

Il s'enfonce profondément dans la blessure,
De plus en plus souffrant est le ventre.
Comme une ouverture béante,
Elle dévore les entrailles.
Quelqu'un tourne ce couteau,
Sans arrêt,
La blessure brûle.

Hoquet

Hoquet, arrêtes !
Je t'encenserai si tu continues à perturber les âmes.
Hoquet, tu embêtes les gens !

Même si on sait que tu nous montre
Que quelqu'un pense à nous de façon corporelle,
Hoquet, tu nous perturbes,
Tu dérange nos esprits,
Hoquet, hoquet, tu es le fantôme qui nous hante,
Et moi je délire !
Mais ce n'est pas grave,
C'est marrant de délirer,
Et on s'éclate !
Et le hoquet c'est marrant,
Et je suis tarée !
Mais ce n'est pas grave,
On se marre avec mon ami le hoquet,
Je crois que j'ai de la fièvre.
Il me rend aussi folle que toi,
Jamais quelqu'un n'avait réussi depuis toi,
Jusqu'au hoquet !

Printemps

Ces temps-ci ma vie est un peu comme le printemps,
Même s'il manque un élément.
Il se passe plein de nouvelles choses,
Pleins d'événements qui me rendent joyeuse,
Des projets qui donnent de l'enthousiasme.
Tu es resté dans mon cœur,
Moi dans le tien,
Pourtant tu me manques quand même.
Je m'efforce de vivre,
Je commence à fleurir,
Pourtant il manque quelque chose
À la floraison totale.

Sophie

Tu as tellement de qualités en toi,
Qu'avant je ne connaissais pas.
J'ai beaucoup aimé te découvrir,
Et surtout de parler de tout.
Je vois que même lorsque tu reçois de durs coups,
Tu gardes la force pour au moins un petit sourire.
Je t'encourage de continuer ainsi,
Même si la vie n'est pas toujours facile,
Surtout restes toi-même
Et laisses-toi porter par ceux qui t'aiment.

Ma grand-mère française

D'abord une sincère rencontre,
Des échanges, des sourires,
Et tout ce dont notre affection fait montre,
Se rapprocher a été notre désir.
Par le cœur je devins ta petite-fille,
Nous partageons des souvenirs bons
Ainsi que notre prénom,
Car tu es ma grand-mère gentille,
Nous nous regardons plus que par une vitrine,
Et je l'évoquais, tu t'appelles Joséphine.

Contre ton corps

Ce n'était peut-être pas un coup de foudre,
Mais ces moments m'avaient émue.
Lorsque je me suis retrouvée

De nouveau devant toi,
De nouveau ces regards,
Puis dansant contre ton corps,
J'ai de nouveau ressenti ce frisson,
Comme ce certain soir.

Rencontre virtuelle

Au début tu t'es fait passer pour mon ange gardien,
Etait-ce un moyen d'engager l'échange ?
Peut-on de cette manière nouer des liens ?
Certains le prétendent, mais cela change,
Change selon les personnes et les circonstances.
Nous avons conversé sous nos sourires inchangeants,
Il me semble que nous sommes sur des longueurs
d'ondes assez proches.
De cette manière se rencontrent beaucoup de gens,
Mais souvent à ce phénomène on reproche,
De n'être pas sincère réellement,
Mais n'est-ce pas en soi une aventure simplement ?
Phénomène étrange,
Virtuels échanges.

Attente heureuse

L'attente de la vérité absolue semble longue,
Encore si longue,
Pourtant elle passera rapidement.
L'attente de voir noir sur blanc ce que je vaux.
L'attente de savoir exactement ce que l'avenir proche
me réserve.

Deux attentes si lointaines et si proches,
Réunies dans un seul et même destin.
Néanmoins cette attente n'est pas triste,
Je veux voir tout d'un œil positif,
Et je sais aujourd'hui que la porte vers mon prochain
avenir attend,
Elle est entrouverte.
Elle s'ouvrira complètement,
Aussitôt que son existence sera écrite.

Brun

La première fois, cette chevelure brune,
Elle m'est apparue lors d'une fête,
Grâce à ma sœur, une amie commune,
Alors qu'une partie de moi venait de partir en miettes.
À cette chevelure sont associés pour moi,
Deux yeux brillants,
Cela m'est apparu aujourd'hui une deuxième fois,
J'ai vu ces lèvres dans un visage souriant.
J'ai frôlé son corps si charmant,
Senti ce parfum si envoûtant.
Je conclus cette page,
J'ai été séduite par une telle image.

Nuit

Me voilà donc deux heures de matin,
Mon esprit n'arrive pas à trouver la paix.
Mes pensées glissent comme sur des patins,
Je me demande que doit être fait.

Je croyais m'être retrouvée,
Mais ce n'est pas tout à fait accompli.
Perturbée.
Besoin d'écrire, de réfléchir,
Sans savoir où cela va me mener.
Mes yeux ne veulent pas dormir,
Que doit dans ma vie venir ?
J'attends quelque chose,
Je cherche une vie presque rose.
Mais il y a toujours une chose qui ne me quitte,
Ce fameux vide.

Marie

La première chose que je trouve à dire,
Te concernant,
Est la qualité de ton sourire,
Très communicant.
Tu sais rendre toute situation joyeuse,
Et de tout événement tirer du positif,
Tu dégages l'image d'une fille toujours heureuse,
Tu avances à pas constructifs.
Tu semble contente avec ce que le destin t'a donné,
Sans vouloir toujours plus sans arrêt.
Comédienne authentique et sincère,
Pour la joie tu as du flair.

Elodie

Je ne te connais pas encore très bien,
Mais j'ai entrevu l'existence d'une chouette fille.

Dès qu'entre nous il y avait ce lien,
Tu as été prête à m'accepter dans ta famille.
Tu ne me connaissais pratiquement pas,
Pourtant tu m'as chaleureusement ouvert les bras.
Je te remercie de m'avoir accueilli,
Et j'espère que malgré tout,
Tu feras partie de ma vie,
Pendant encore un certain bout.

Mon aigle

Mon aigle blanc,
Comment te remercier ?
J'ai l'impression que tu seras toujours présent,
Même si c'est par amitié.
Tu souffres peut-être encore,
Et crois-moi, je sais que je t'ai fait du tord,
Je t'ai beaucoup fait souffrir,
Merci d'encore accepter de me voir sourire.
Pourras-tu un jour totalement me pardonner,
De ne pas avoir su répondre à tes attentes ?
Acceptes-tu que je puisse mon amitié te donner ?
Je veux t'aider à remonter la pente.
Un jour tu trouveras le grand amour crois-moi,
Il t'attend encore quelquepart sur ta voie.

Ma renaissance

Je pense être de nouveau moi,
Enfin je me suis retrouvée.
J'ai passé des mois à me chercher,

J'ai cru que c'était fini de moultes fois.
J'espère que ce n'est pas qu'une illusion,
Et qu'aujourd'hui s'achève cette mission.
Je ne suis pas encore sûre pour le futur,
Mais j'ai trouvé le plus important,
Je me suis trouvée dans le présent,
Après cette période de recherche très dure.
Mais ce que je ne comprends pas,
Est ce qui advient de toi et moi,
Ensemble et séparés à la fois,
La solution est à attendre.

Proche

Un brin d'espoir me sourit,
Pointe son nez,
J'entrevois une grande joie dans ma vie,
Ce bonheur est proche.
Tout ce que j'attends depuis si longtemps,
Est à quelques pas de ma porte,
J'ai espéré tant et tant,
L'accomplissement de mes rêves est proche.
J'espère que cette fois enfin,
L'illusion deviendra réalité,
Car de ce bonheur mon âme a faim,
Si proche.

Impatiente

Le moment est presque arrivé,
Ce moment tant attendu,

Nous l'avons tant espéré,
Pour rattraper tout ce temps perdu,
Enfin te serrer dans mes bras,
Ne plus rester sur terre ici-bas.
Partir dans nos rêves,
Attraper les étoiles avec les yeux,
Chacun retrouver sa fève,
Et enfin être deux.
Impatients d'être heureux.

Détruit

Tout est détruit,
Complètement fini.
De nouveau mes rêves se sont envolés,
Combien de fois l'ai-je pensé ?
J'ai cru tant et tant de fois qu'il fallait oublier,
Je venais juste de retrouver l'espoir,
Mais le destin ne nous a pas épargné,
De nouveau la fin de notre histoire.
Je me trouve bloquée,
Besoin d'encore croire en nous,
Mais ce rêve reste flou,
Et d'un autre côté,
J'ai tant besoin de vivre ma vie,
Malgré que mon cœur ne t'oublie.

Recherche

Où suis-je ?
Qui suis-je ?

Je pensais m'être retrouvée,
Mais il a suffit de peu,
Quelques gestes,
Quelques paroles,
Quelques pensées,
Une réflexion douloureuse,
Et de nouveau ce doute s'est installé en moi.
Pourquoi ai-je fait cela ?
Pourquoi je donne l'image de ce que je ne suis pas ?
Comment les gens se permettent-ils cela ?
Juger une fillette perdue,
Dans le désert de son âme,
Dans l'océan de ses larmes,
Par un coup du destin engouffrée,
J'aurais aimé continuer à rêver.

Inatteignable

Si charmant,
Si attirant,
Tellement proche
Et pourtant totalement inatteignable.
Valeur interdite,
Obligée de résister.
La tentation est si forte,
Le charme si tombeur,
Mais l'approche est réservée.
Cette gourmandise m'attire par moultes moyens,
Son charme extérieur,
Ainsi que l'âme que j'y aperçois.

Ma façon de grandir

En moi sonnent tous ces sons,
Souvenirs d'un mois riche en émotions,
Riche en leçons,
Riche en inspiration.

Malgré les moments de souffrance suprême,
Occasionnés par l'endroit même,
Ainsi que par ce qui a entouré ma vie,
Et tout ce qui était présent dans mon esprit,
J'ai vécu tellement de belles choses,
J'y ai tellement appris,
Peut-être avancé dans ma métamorphose,
Et aussi rencontré des personnages exquis.

J'ai vécu des bons moments comme des mauvais,
Tout cela m'a beaucoup apporté,
Sur tous les plans cette expérience m'a enrichie,
J'en sors réellement grandie.

Nouvelle vie

Une toute nouvelle vie,
Dans laquelle je suis arrivé aujourd'hui,
Se présente devant moi,
De nouvelles galères comme de nouvelles joies.
Pour mon âme, une belle occasion,
Occasion de tourner la page,
De me détacher de ma douloureuse passion,
Enfin devenir sage.
Tirer un trait sur les défauts,

Les miens et ceux de ma vie,
Peut-être de mes souvenirs faire le tri,
Vivre cette aventure nouvelle à fond.

Errante

Cette peur que certains ont,
Lorsqu'ils ne savent où ils dormiront,
Ne jamais savoir ce qui vient le lendemain,
Se sentir perdu dans ce monde fou,
Espérer qu'enfin les problèmes prendront fin,
Ne plus vouloir vivre dans le flou,
Je sais aujourd'hui ce que cela signifie,
Ce que ces gens ressentent au fond de soi,
Ca ne m'est pas arrivé tant de fois,
Mais c'est ce qu'en ce moment je vis,
Cette angoisse permanente ancrée dans mon cœur,
Il faut que je tienne et non que je pleure,
Touchée par la connerie humaine,
Aucune pitié, que de la haine.

Besoin

Besoin de souffler,
Besoin de respirer.
Besoin de savoir où j'en suis,
Avec moi et avec ma vie.

Besoin de comprendre,
Comprendre pourquoi le destin s'acharne sur moi.

Besoin d'être heureuse,
Tout simplement,
Besoin au moins une fois,
Ne plus avoir de soucis.

Besoin d'amour.
Besoin d'harmonie.
Besoin d'arrêter de me tourmenter,
Que le bonheur ne soit plus inventé.

Laissez-moi être heureuse.

Ce sourire

Ce sourire inconnu,
Ce sourire nouveau,
Mon âme en a été si émue,
Tu m'as procuré un moment si beau.
Ton sourire si touchant,
Ton regard si charmant,
En quelques minutes tu es venu,
Tu as traversé ma carapace,
Que veux-tu que je fasse ?
J'étais si émue,
Tu es entré dans mon âme,
Et as mis fin à cette tristesse infâme.

Lueur d'un bonheur

Enfin,
Enfin je pense pouvoir être heureuse.
J'étais si bien avec toi.
Cette période longue d'attente,
De suspension,
M'a apporté beaucoup de solitude,
Beaucoup de souffrance.
Mais mon désir s'en est accru,
Désir de me poser dans tes bras,
Désir de te retrouver,
Comme avant,
Mais d'une nouvelle façon.
Peut-être cette fois nous serons heureux,
Et resterons tous deux.

Danger

A force de trop rêver,
Je vois s'agrandir le danger.
Par expérience je sais,
Que si je rêve trop de cette journée,
Au lieu d'en être émue,
Je pourrais en sortir déçue.
Elle pourrait être moins que ce que j'espère,
Son existence pourrait même être empêchée,
Si c'est ainsi que le destin aura décidé,
Encore entre rêve et réalité j'erre.
C'est pour moi un grand danger,
Mais de rêver je ne peux m'empêcher.
J'ai peur que tu changes d'avis,

Ou que tu doutes encore de nous,
Même si rien n'est acquis,
Un essai doit valoir le coup...

Perte de moyens

A chaque fois que je te revois,
Je perds de nouveau mes moyens,
Hier une nouvelle fois,
Devant tous tes copains...
Tu me fais perdre la tête,
Tout se retrouve bouleversé,
Pourquoi à chaque fête,
Tu me fais de nouveau douter ?
J'espère qu'ils ne m'en veulent pas,
Mais tu me bouleverses,
C'est comme ça.

Je veux t'aimer

T'aimer entièrement et totalement
Est-ce que mon cœur désire tant.
Enfin vivre une vraie histoire,
Fonder des milliers d'espoirs.
Je veux que les obstacles soient surmontés,
Juste aimer et être aimé.
Entends-moi.
Entends mon cœur t'attendre.
Soyons simplement toi et moi,
Si seulement tu pouvais cette décision prendre...
Je veux t'aimer,

Pas qu'à moitié,
Et pas qu'en cachette.

Incertitude

De nouveau on te fait vivre cette incertitude infinie,
Tu ne sais plus quoi faire,
Plus ce que tu dois attendre de la vie,
Tu ne peux que rêver et te taire.
Tu cherches ta voie dans le futur,
Tu te perds de plus en plus au fur et à mesure.
Tu lui portes tellement de sentiments,
Il prétend t'en rendre virtuellement,
Mais tu attends le moment,
Où il te les rendra réellement,
Où vous ne devrez plus vous cacher,
Où seront unies vos deux moitiés.
Pour l'instant reste l'incertitude.

Tourbillon

Un tourbillon de pensées,
Qui volent en moi,
Pas toujours censées,
Elles prennent possession de mes voies.

Le tourbillon de mon être,
Le tourbillon de mon âme,
Le tourbillon de mon esprit,
Un tourbillon dans mon cœur.

Dans ces tourbillons il y a tout,
Il n'y a rien,
Il y a tout ce qui est en moi,
Mais aussi mon enveloppe,
Tourbillon de ma vie,
Tourbillon de moi.

Massage virtuel

Massage si envoûtant,
Et tellement reposant.
Les douces mains parcourent ton corps,
Juste avant que tu t'endormes.
Depuis les orteils,
Jusqu'au cuir chevelu,
En passant par la plante des pieds,
 Ainsi que les chevilles et les jambes,
Puis le dos et la nuque.
Ce doux massage t'est offert pour pansement,
Mais dans ce cadeau se trouve aussi de la douceur,
Il te fait du bien au corps et à l'âme,
Tu veux remercier ton virtuel masseur.

Nostalgie

 Aujourd'hui des souvenirs d'Angleterre,
Tu as su l'instant de quelques jours,
Me faire quitter les terres,
Pour monter dans les nuages au-delà des tours.
Une nostalgie qui s'installe en moi,
Souvenirs avec toi.

Nouvelle maison, prépa, permis,
Même de nouveaux amis,
Toute une nouvelle vie.
Mais le passé ne cesse de me tourmenter,
De vivre en moi, de me toucher.
Notre fin j'ai accepté,
Mais je ne t'oublie pas,
Je dois te revoir une fois au moins,
Pour ne pas rester sur ce sentiment d'inachevé.
Et même lorsque je me tournerai vers le futur,
Je souhaite ne jamais te perdre de vue.

Ma princesse

Si tu savais ma puce,
Oh si tu savais,
J'ai tant besoin de toi,
Bien plus que tu ne le crois.
Je veux être là pour toi aussi,
Ce n'est pas pour rien que se sont croisées nos vies.
Nous nous sommes rencontrées l'une l'autre,
Pour partager un long chemin,
Pour construire ensemble l'avenir qu'est le nôtre,
Traverser la vie main dans la main.

Blanc

Ce grand espace blanc devant moi
M'appelle pour le remplir.
Mais je ne sais quoi dire ni écrire,
Ce n'est pas la première fois.

Depuis cette longue période noire,
J'ai du mal à remplir les blancs.
C'est ainsi même si j'essaye d'en moi croire,
Mon cerveau freine et en moi reste le blanc.
Je veux bien qu'il remplace le noir dans ma vie,
Mais il me dérange sur ma copie.
Après un noir si fatigant,
Maintenant un blanc très pesant.

A la recherche d'un moi perdu

Je ne sais absolument pas,
Si j'avais fait le bon choix.
Est-ce qu'au départ il était juste,
Et a simplement été bouleversé,
Par les problèmes de ma vie,
Qui n'ont cessé de se répéter et s'accumuler ?
Ou me suis-je totalement trompée ?
Ai-je choisi la mauvaise voie ?
Est-il possible de tout rattraper ?
Est-il trop tard pour changer mon choix ?
Pourquoi, c'est là où je ne dois pas être,
Que je me sens être moi, toute vivante,
Et à ma pseudo place je me sens disparaître,
Parfois devenir à l'état de plante ?

Peut-être

Une possibilité s'ouvre à moi aujourd'hui,
Tu es le premier à refaire battre mon cœur depuis,
Depuis que j'ai perdu celui que j'ai aimé,
Qui a failli être celui pour beaucoup d'années.
Avec toi il m'arrive pendant quelques minutes,
De ne pas penser à lui.
Tu me fais vivre de beaux moments,
Je me sens bien en ta présence.
Tu m'as apporté un nouvel espoir :
Peut-être la vie n'est-elle pas triste toujours,
Peut-être pourrai-je de nouveau aimer un jour,
Peut-être suis-je prête pour une nouvelle histoire.

A comme Amour

Mon prince, toi que j'ai découvert il y a plus d'un an,
Enfin je te retrouve et j'espère que c'est pour longtemps.
Ton prénom pour moi commence avec un A comme le mot amour,
Ta rencontre a été un de mes plus beaux jours.

Cet amour que j'ai envie de te donner tant,
Que je veux partager avec toi pour très longtemps.
Aimer cet homme merveilleux, doux et adorable que tu es,
Me sentir enfin vraiment vivante en étant par toi aimée.

Je veux croire en toi, croire en nous,
Faire de ce beau rêve notre réalité,

Même si cela peut sembler fou,
Enfin me sentir heureuse à tes côtés.

Me sentir en sécurité blottie dans tes bras,
Etre de plus en plus proche de toi chaque jour,
Te combler et lorsque tu en as besoin être là,
Faire de toi le plus heureux des hommes pour toujours.

Vivre avec toi tout ce qu'il y a de plus beau,
Partager des moments d'émotion intense,
Découvrir ensemble les merveilles du monde,
Créer nous même notre propre chance.

Voir avec toi des milliers de couchers de soleil,
En sachant qu'un lever ensemble nous attend au bout du
sommeil,
Des merveilleuses journées avec toi sans arrêt,
Que nous transformerons ensemble en des tas d'années.

Avoir plein de projets de vie ensemble,
Ne plus vouloir longtemps se séparer,
Rester deus quoiqu'il arrive même si la terre tremble,
Et créer des événements merveilleux à fêter.

Besoin de toi, envie de toi

J'ai tant besoin de toi mon amour,
Envie d'être avec toi pour toujours.
Besoin de te parler, besoin de t'écouter,
Envie que tu ne veuille plus me lâcher.
Besoin d'être à l'abri dans tes bras,
Envie de fusionner avec toi.

Besoin que toi plus moi devenions nous,
Envie d'être ensemble toujours et partout,
Besoin d'heureuse à tes côtés devenir,
Envie de construire tous les jours notre avenir.

Amour, ne me laisse pas partir

La vie à tes côtés est si belle,
J'aurais aimé que tu me dises de ne pas partir,
Deux jours avec toi et j'espère que ma vie sera telle,
Avec toi le bonheur me fait toujours sourire.
Tu es le rayon de soleil qui illumine ma vie,
Grâce à toi j'ai enfin réappris à aimer.
Lorsque mon train loin de toi fut parti,
Je n'ai pu m'empêcher de pleurer.
Oui, tu me manquais déjà,
Je ne peux pas me passer de toi.
Vivement que je te retrouve très bientôt,
Car tu inondes ma vie de bonheur en flots.
Je t'aime et je t'aimerai.

Doutes

Que faire ?
Me battre ou me taire ?
Que décider ?
Aller jusqu'au bout ou abandonner ?
Changer de voie ou persévérer ?
Attendre les solutions ou les créer ?
Ce que j'ai entrepris au fond de moi,
Risque pour la première fois,

De vivre un échec important,
Des rêves s'envolent dans le vent.
Comment les sauver ?
Je dois toutes mes forces donner.

La vie est fragile

Notre vie semble tellement solide,
Mais elle est si fragile,
Elle ne tient qu'à un bout de fil,
Sa fin laisse chez nos proches un vide.

La vie est si éphémère,
Il faut savoir profiter des instants donnés,
Remplir nos poumons d'air,
Vivre avec ses proches et les aimer.

Donner de l'amour autour de soi,
Remplir de bonheur toutes ces années,
Car on ne vit qu'une fois,
Vivons avant de faner.
Je veux remplir la tienne de joie,
Et combler ce triste vide en toi.

Là pour toi

Mon amour,
Aujourd'hui que tu as besoin de moi,
Je veux te dire que je serai là pour toi,
Pour toujours.

Quoiqu'il arrive dans nos vies respectives,
Je ne t'abandonnerai pas,
Je serai là dans tous les cas,
Présente pour t'écouter et t'aider.

Dans les bons moments comme les mauvais,
Je serai à tes côtés chaque fois,
Les aléas de la vie avec toi je surmonterai,
Je serai là pour toi.

La nature révèle l'homme

Tous les printemps de nouveau,
Un jardin est une grande joie.
Il change chaque année et nous surprend de moultes
fois,
Ce qu'il nous montre est à l'œil si beau.

Tous les ans il nous révèle son sublime secret.
Des plantes douces, acidulées, piquantes, amères et
sucrées,
Toutes les variations de la vie et toutes ses nuances,
Pleines d'émotions si intenses.

On pourrait en faire un pari,
Mais je sais d'avance qu'il n'y aura pas de déception,
Les plantes nous montrent leur magnifique vie,
Chacune est différente, toutes des exceptions.

La nature existe depuis bien longtemps, une éternité,
En ce qui concerne l'invention, l'homme n'est pas son
inventeur,

Mais c'est elle qui nous a inventés,
Et chaque jour notre bêtise elle pleure.

Nous nous plaisons à observer le cirque de la nature,
Mais c'est l'humanité qui est devenue un cirque plus
fou,
Que peut-on espérer pour le futur ?
Peut-être harmoniser ensemble le tout...

Juste un beau mélange des deux,
Où ils seraient en harmonie et en paix,
Où l'hypocrisie se transformerait en vrai,
Où seraient exaucés les plus sincères vœux.

L'événement

Cet événement, je l'ai tant attendu,
Durant des années il n'est pas venu.
Mon âme avait besoin de toi,
Mon cœur ne pouvait se détacher,
Sans pouvoir une dernière fois,
De mes bras t'enlacer.
Ce moment a remué en moi des souvenirs,
Mais j'ai enfin cessé d'en souffrir.
Tu resteras à tout jamais,
Celui que j'ai en premier aimé.
Tu resteras toujours dans ma vie, quoiqu'il advienne,
Mais je veux que tu sois heureux dans la tienne.

Fil coupé

Tu as tant souffert cette année,
Peut-être même que tu n'as pas tout compris,
Sans ton savoir, ton corps a changé,
Aujourd'hui tes souffrances sont finies.
Tu nous as finalement quittés,
Je te souhaite de reposer en paix.
Malgré que ton fil soit maintenant coupé,
Tu resteras toujours dans nos cœurs.
Nous repensons à ta gaieté,
Même toute seule tu n'avais pas peur,
Merci,
Bonne nuit.

Fin d'un passé

Ce fut le lieu d'une partie de nous,
Lieu de l'enfance de certains,
Lieu d'une vie pour d'autres,
Lieu de mes premiers pas,
Lieu des retrouvailles,
Lieu des grandes occasions.
La maison de famille.
Le jardin de famille.
Il y a eu en ce lieu,
De l'investissement et de la joie.
Certains souvenirs sont partis avec elle,
D'autres resteront en nous.
Mais notre lieu, ne sera plus notre.

Moments inoubliables

Ces deux semaines avec vous,
Semaines très riches.
Merci pour les moments de délires,
Merci pour les heures de discussions,
Merci pour cette confiance accordée,
Merci pour ce que vous m'avez apporté.
J'ai encore tant appris,
Découvert des choses sur le monde,
Découvert des personnages merveilleux,
Découvert une partie de moi.
Jamais ne s'envoleront comme le sable,
Les souvenirs de ces moments inoubliables.

Eloignement

J'ai peur,
Peur quand tu es loin de moi,
Peur de nous éloigner de plus en plus.
J'aimerais tellement que tu te battes pour moi,
Sentir que je compte pour toi,
Sentir que tu décrocherais des étoiles,
Te voir prendre des initiatives.
En ce moment j'ai très peur,
Peur pour nous,
Que notre lien ne surmonte pas l'éloignement.
J'aimerais tellement fort,
Que tu me montres que j'ai tord.

Humeur grise

Aujourd'hui le ciel est gris,
Nuageux,
Perturbé,
Mon être y nage,
Un peu perdu.
Mon cerveau tourbillonne,
Besoin de réfléchir.
Me remettre en question,
Mes choix,
Mes actes,
Mes pensées.
Faire un choix,
Et pour l'exprimer,
Trouver mes mots…

Comprends-moi

Trois belles semaines à tes côtés,
Reproches ?
Non.
Attention,
Tendresse,
Gentillesse…
Quelqu'un de bien,
Et je t'en prie reste tout cela,
Ne te laisse pas détruire par moi.

Seulement c'est moi qui n'allais pas,
Je ne suis pas prête à construire cette histoire,
La construire plus loin avec toi.

Mon petit cœur m'en empêche.

J'ai besoin de me construire,
Vivre ma vie sans penser à personne,
M'engager dans mes convictions,
Défendre mes opinions aux yeux du monde,
Et suivre un bout de chemin pour moi.
Merci de me comprendre.

Max

Merveilleuse amitié,
Toi qui compte tellement à mes yeux.
Merci de m'écouter comme tu le fais.
Merci de me comprendre comme tu le fais.
Merci de me parler comme tu le fais.
Merci pour tous ces moments.
Et encore tellement de choses,
Pour lesquelles je veux te remercier,
Pour les résumer,
Je te dis merci,
D'être toi.

Ambiance féerique

Un soir,
Empli de fraîcheur,
Bain brûlant,
En rêvant de lui,
Musique douce,
Apaisant mon être,

51

Bougies scintillantes,
Symboles de notre lumière,
Celle des anges.
Tout simplement mon monde de magie.
Féerique.

Toi

Toi,
C'est un homme aux moultes qualités.
Tu es bien sur un radiateur ambulant,
Mais c'est loin d'être le plus important.
Tu réfléchis bien plus que la norme,
Ce qui parfois est gênant,
Mais au final pas si mal.
Tu fais passer les autres avant toi,
Tu te préoccupe de tes proches,
Leur sécurité physique et affective,
L'égoïsme est un mot banni de ton vocabulaire.
Le bonheur des autres avant le tien,
La sécurité des autres avant la tienne,
Le plaisir des autres avant le tien.
Tu me donne l'impression d'être quelqu'un d'unique.
Tu me comprends,
Et tu comprends même mes pensées les plus tordues.
Tu es quelqu'un d'unique.
Grâce à tout cela,
En ta présence je me sens comme une princesse.
Tu m'apporte de la chaleur dans mes froides journées.
Merci de me faire vivre cela.

Temps

J'aime le temps,
Passer des heures à te parler,
J'aime le temps,
Passer des heures à te faire des câlins,
J'aime le temps,
Quand on ne peut plus quitter la couette,
J'aime le temps,
Quand tu ne peux plus me lâcher,
J'aime le temps,
T'apaiser et t'apporter le sommeil,
J'aime le temps
Celui d'être avec toi.

Simplement

Je veux que le temps s'arrête,
Que cette vie continue,
Car...
...car je suis simplement bien avec toi,
...car tu m'aide à surmonter les obstacles,
...car à tes côtés tout semble accessible,
...car tes bras me deviennent vitaux,
...car j'ai envie d'espérer,
...car j'espère construire,
...car je t'aime.

Dépendance

C'est simplement incroyable,
L'effet que tu as sur moi.
Ce qui se passe avec toi,
Est presque indéfinissable.

Tu génère dans mon cœur,
Dans mon esprit, et dans mon corps,
Non seulement une lueur,
De dépendance encore et encore.

Besoin d'être dans tes bras,
Envie que tu ne partes pas,
Besoin d'entendre ta voix,
Tout simplement accro à toi.

Où que tu sois,
J'ai besoin de toi.

La vie de princesse

Je crois bien que ce soit elle,
Cette vie de princesse,
Où on se sent aimée,
Où on est surprise tous les jours,
Où on est choyée,
Par tant de douceur,
Par tant de tendresse,
Par tant d'attention.

C'est une vie de princesse,

Quand elle est avec toi,
Quand elle est dans tes bras,
Quand elle est rendue dorée,
Par ces délicatesses,
Par ces rayons de lumière,
Par toi seul,
Car en toi, le prince s'est réveillé.

Naïveté

Toujours être trop naïve,
Penser que les gens peuvent changer
Dans le bon sens.
Mes efforts sont vains,
Je pensais que tout s'arrangeait,
Que des défauts peuvent disparaître,
Mais les gens restent ce qu'ils sont,
Un hypocrite restera toujours un hypocrite,
Et un lâche restera un lâche.
Mais je resterai moi,
Demain encore,
Je croirai en la bonté.

Projets

Envie de flâner avec toi,
Envie de tout explorer,
La nature,
La vie,
Les paysages,
Tout cela avec toi.
Aussi te faire découvrir,

Ma vie,
Ma culture,
Mon univers,
Nos origines.
Aussi que tu m'apprennes,
Tellement de choses...
Simplement être avec toi.

Laisse une chance à mon espoir

Ne doute pas si souvent de la vie,
Laisse toi guider par l'espoir qui nous unie,
Rêve avec moi à chaque heure,
Profite de tous ces moments de bonheur.
Envie que tu me laisse t'aimer,
Et que tu veuilles pour longtemps partager.

Pas sans toi

Mon cœur a de nouveau fondu,
De toi je suis complètement mordue,
J'ai besoin de toi.
Je me sens seule,
Lorsque tu es loin de moi.
J'ignore ce qu'ils veulent.
Tous ces gens qui me parlent jour et nuit,
Ces gens que je rencontre au fur et à mesure,
Plein de belles choses floues dans ce futur,
Mais une chose est dans ma tête clairement définie.
Il y a tellement de choses que je veux devenir,
Tellement de choses que je veux faire,

Mais cet avenir,
Pas sans toi.

Berlin

Berlin, à mes yeux cette belle ville,
On y voit tellement de magnifiques choses,
Par jour au moins quelques dizaines devant nos yeux
filent,
Et de temps en temps elle nous offre des lieux de pause.
Alors on va dans un petit café,
On y mange un énorme morceau de gâteau,
Quand la serveuse arrive comme une fée,
Avec plein de délices sur son plateau.
Puis on rêve aux belles choses que l'on a vues,
Et de tout ce riche historique on est ému.
Cette ville j'y retourne volontiers une fois par année,
Le moment de me souvenir,
Dans mon passé revenir,
Et surtout un peu me ressourcer.

Mon étoile

Il y a tout juste 10 mois,
Tu es entré dans ma vie perturbée,
Tu as en moi tout chamboulé,
Tu m'as redonné la foi.
Une étoile s'est levée à mon horizon,
Cette étoile brille dans mes yeux,
Et ce de moultes façons,
Et dans tous les lieux.

Mon étoile brille lorsque je suis avec toi,
Lorsque j'entends ta voix,
Aussi lorsque tu me dérobes mes pensées,
Tu es mon étoile pour l'éternité.

Mon papillon

Pendant une promenade lors d'une journée ensoleillée,
J'ai cru vivre un rêve éveillé.
Un papillon s'est posé sans scrupule sur mon bras,
J'ai cru qu'il était une réincarnation de toi.
Tu restais proche et ne me quittais pas,
Quand tu partais ce n'était que pour mieux revenir,
Et le papillon a dit à la libellule tout bas
Qu'ils se retrouveraient pour un long avenir.

Tour de ville

Somnolence.
Des jours si longs loin de toi.
Je traverse ma ville,
La fatigue traverse mon corps.
A travers une fine couche de brouillard,
Qui voile ma vision,
Je vois tous les monuments de Berlin.
Un tour de ville réel mais si bizarre,
Que manque-t-il ?
Pour que j'y vois plus clair,
Il manque seulement toi,
Celui qui m'apprend le monde,
Celui à qui je veux montrer cette partie de moi,

Celui qui à mon tour de ville donnera vie.

Des montagnes

Des montagnes enveloppent une nouvelle vie,
Une nouvelle ville.

Ville que je découvre aujourd'hui,
Où se déroulera à partir de maintenant un bout de ma
vie.
Envie d'apprendre à déplacer des montagnes énormes,
Celles qui m'entourent me donnent soif de
connaissances,
Me rendent avide de développer des compétences,
Mes rêves prennent ici forme.

Ville qui tourbillonne de tous les bruits le jour,
Aux reflets magiques la nuit aux multiples lueurs,
Empli mon cœur de tendresse et d'amour,
En moi une douce pensée à celui qui fait fuir toutes mes
peurs.

Ville qui m'ouvre les portes d'un avenir,
Celui qui m'est destiné et qui guidera ma vie,
Sans aucun doute celui dont tu fais partie,
A moi de me servir de ce qui vient afin de le construire.
Viens m'aider à évoluer dans ma vie nouvelle,
Découvrir la ville où les éléments et les sentiments se
mêlent.

Ville qui m'aide à continuer à rêver,
Au milieu de mes puissantes montagnes.

L'éphémère

Notre vie se doit d'être protégée,
Elle ne tient qu'à un fin et long fil.
Parfois il suffit d'une seconde du destin,
D'un hiver et d'une malchance,
Pour en un instant y mettre fin,
Pour cela nous voulons la protéger et estimer notre chance.

Qu'en est-il
De ces exclus de la société ?
Acte tellement incompréhensible,
Et pourtant choix personnel qui se doit d'être respecté…
Une nouvelle fois je suis par ce désespoir émue.

Si infinie et si éphémère : la vie.

Dix ans

S'il fallait faire un bilan de ces dix dernières années,
Il y eu de grandes déceptions mais surtout des avancées.
Tu étais la petite abeille arrivant dans un monde nouveau,
Tu pensais le connaître mais il s'est avéré très différent,
Au début il n'était pas facile de trouver ta place parmi ces gens,
Certains jours je t'ai vue très mal dans ta peau.
J'étais une petite fille timide,
Pleine de rêves et d'espoirs,
Mais il m'arrivait que certains soirs,
De tes difficultés mes yeux devenaient humides.
Ensemble nous avons mené un combat acharné,

Et certains de nos rêves ont pu se réaliser.
Tu t'es faite ta place dans ce nouvel univers,
Et aujourd'hui lorsque je pense à toi je suis fière.
Fière de ce que tu as accompli,
Et heureuse de tout ce qu'aujourd'hui je vis.
Devenue femme je prépare mon avenir,
Certains doutes sont toujours présents en moi,
Mais j'ai maintenant confiance et je tiens cette force de
toi,
Je sais que je réussirai quoi que je puisse devenir.
Nous avons chacune encore tant de choses à accomplir
dans la vie,
Et un jour nous nous plairons d'avoir tant réussi.
Tout cela, maman, n'aurait été possible sans notre
fusion,
Mais aussi certaines de nos relations.
L'important n'est pas d'être aimé par tous,
Mais par ceux en qui nous croyons et croient en nous.

Grandir

Grandir c'est se souvenir,
Et c'est apprendre.
Comprendre que rien n'est acquis,
Que nos qualités serviront à atteindre nos rêves,
Malgré les bâtons que l'on nous met dans les roues,
Et avec l'envie de se battre.
Comprendre que ceux qui t'ont promis un jour la lune,
N'étaient peut-être pas réalistes,
Mais peut-être qu'eux-mêmes le pensaient vraiment,
C'est juste un enchainement de la vie qui a changé leurs
plans.

Grandir c'est surtout apprendre à apprécier,
Apprécier les belles surprises,
Apprécier ce que nous sommes capables de faire,
Et estimer la valeur de tout ce que la vie nous offre.
C'est aussi avancer et se préparer pour de nouvelles
aventures,
Grandir c'est avancer.

Espoirs en folie

Rares sont les jours
Où je ne me dis pas que le monde est en folie,
Folie des actes humains
Folie des événements
Folie remplie d'espoirs…
Mais est-ce fou d'espérer ?
J'ai envie de croire qu'ils seront plus sages,
Qu'ils prendront soin de leur planète,
Qu'ils apprendront à être solidaire,
Ou juste à penser.
Peut-être est-ce avoir trop confiance en mes espoirs,
Mais n'est-ce pas cette folie qui nous permet de
continuer,
Et d'agir individuellement pour un monde meilleur ?
Ce sont les conséquences de nos actes
Que nous donnons en héritage aux générations
suivantes,
Envie de croire dans les capacités du NOUS,
Espoirs en folie.

La liberté que je veux

A quoi me sert de rêver de liberté,
Si dans cette liberté je suis seule?
Est-ce la fuite?
Est-ce l'égoïsme?
J'ai l'impression que mon cœur s'est fermé,
Et que personne ne sera assez bien pour y entrer.
Envie de voyager, de vivre tant de choses,
Mais tout cela je l'imagine seule.
Est-ce réellement la liberté que je veux?
Peut-être cela est-il un passage obligatoire dans une vie.
Un jour je partagerai mes rêves,
Mais aujourd'hui c'est seule que je veux les vivre.

Comme une évidence

Jusqu'alors inconnus,
Une rencontre, un regard,
Et quelques paroles plus tard,
Mis à nu.
Comme une évidence,
On s'est fait confiance.
Comme si on se connaissait depuis longtemps
On s'est ouvert l'un à l'autre
Chaque retrouvaille étant la notre
Mais aussi envie de prendre des gants.
Nerveuse plus que je n'ai jamais été,
Il parait aussi que mon sourire est nouveau,
Avec de nouvelles ailes je pèse mes mots,
Comme une évidence je veux te garder à mes côtés.
Cette passion en toi me fait rêver,

Et à la garder je veux t'aider.
Comme une évidence partager les rêves,
Et juste rêver la suite à deux,
Car à deux tout est plus que dupliqué,
Comme une évidence, tout est magnifique à vivre.
Aujourd'hui mes ailes se lèvent,
Comme une évidence, en moi, de nouveaux espoirs en moi sont nés.

Indécision

Des choix à prendre
Indécision sur l'endroit de ce monde
Où je veux ces années me rendre,
Les pensées ma tête inondent.
Indécision sur ce que je veux faire,
Choisir un thème dont je serai fière,
Celui qui m'intéressera pour des années,
Et qui ne me laissera jamais m'ennuyer.
Indécision sur mes choix de vie,
Devrai-je choisir selon l'envie?

Les pétales se souviennent

Les pétales de roses parsemées par le vent
Me regardent d'un air silencieux.
En les regardant, des souvenirs m'envahissent…
Un rire,
Une émotion,
Un cœur amoureux,
Un sourire.
Elles se souviennent de leur vécu,

Placées à un endroit immobile,
Ou passant de main en main,
Les pétales se souviennent,
Et elles pensent à celles,
Qui vivront d'autres aventures,
Celles qui
Pourront remplir la nature de nouveaux souvenirs.

Regrets

On dit toujours,
Et c'est aussi ma devise depuis longtemps,
Qu'il faut profiter de la vie chaque jour,
Chaque minute, chaque instant.
Il ne faut jamais avoir de regrets,
Toujours aller de l'avant.

La vie ne tient qu'à un fil et une lueur,
À nous de la rendre la plus agréable possible,
Pour pouvoir se dire que l'on a fait d'elle le meilleur,
Rendre beau ce qui aurait pu être pénible.
Il ne faut jamais avoir de regrets,
Toujours aller de l'avant.

Mais je n'avais pas pensé à une chose telle,
Aujourd'hui cette ignorance me parait insensée et je
comprends enfin,
Que nous devons aussi penser à rendre belle
La vie de nos proches car leur vie aussi ne tient qu'à ce
fil très fin.
Il ne faut jamais avoir de regrets,
Toujours aller de l'avant.

Il y a quelques mois encore tu nous faisais comprendre ta solitude,
On avait prévu de se voir mais je n'ai pas pris le temps,
J'aurais pu passer de bons moments avec toi mais toujours trop occupée,
Il est trop tard car tu nous as quitté, je le regrette tant.

Aujourd'hui j'ai donc des regrets,
Et c'est avec ce que j'ai appris que je continue dorénavant.

Les voix du silence

Leurs silences en disent long
Dans ce cortège sans mot.
En son souvenir,
Ils se demandent pourquoi elle ?
Dans les couloirs on entend :
Cela aurait pu être chacun d'entre nous.
Ces milliers de cyclistes qui chaque jour
Empruntent la même avenue,
Se sont rassemblés autour de cet événement.
Ainsi ils se battent pour empêcher que cela se reproduise.
Faut-il des événements tragiques
Pour pousser les humains à se battre pour une cause commune ?
J'ai ainsi entendu les voix de la solidarité.

Résolutions profondes

Ce qui me vient en premier à la mémoire de nos
disparus
Est que je veux vivre la vie à pleine allure
En souvenir de leurs envies et leurs murmures
Pour ne jamais devoir regretter ce qu'il n'y aurait pas eu.

Pour souffler de notre existence les quelques détails
amers
Apprécier le temps avec nos plus chers
Profiter de ce que la nature peut nous offrir
Car elle a encore de quoi nous faire pâlir.

Faire un petit geste chaque jour pour aider
Et surtout,
Par-dessus tout,
Ne pas oublier d'espérer :
Même si l'on parle d'une crise
Se dire que le meilleur reste à venir.

Le meilleur est à venir

Dans un monde que je vois changeant,
Une nouvelle ère de ma vie commence et voit passer le
temps.

Je ne pensais voir un jour le monde à travers ces yeux,
Me dire qu'une rupture est proche ou déjà en cours,
D'une autre façon qu'attendu, ni pire ni mieux,
Aujourd'hui ce que mes yeux voient me fait peur.

Accompagnée d'une angoisse qui à l'oreille me murmure,
Et de beaucoup d'excitation,
Je suis montée dans ce train vers le futur,
Vers le certain et l'inconnu, vers ma propre exploration.

J'ose espérer que dans cette évolution incessante
Nous verrons renaitre certaines valeurs humaines,
Que nous réapprendrons à être solidaires, se serrer les coudes,
Construire ensemble ce que nous avons tenté de détruire.

Aujourd'hui avec cette légère appréhension, je vais de l'avant,
J'essaye de faire le meilleur pour moi et autour de moi
Malgré mes peurs je me dis que tous efforts seront récompensés,
Et pour moi comme pour le monde,
Même s'il semble qu'une phase difficile doive être traversée,
Le meilleur est à venir.

Inspirée ici par »The best is yet to come »
Scorpions

Sommaire

© 2013, Josephine Zimmermann
Edition : BoD - Books on Demand
12/14 rond-point des Champs Elysées, 75008 Paris
Imprimé par Books on Demand GmbH, Norderstedt, Allemagne
ISBN : 9782322033980
Dépôt légal : Octobre 2013